AF204901

Jörn Heller

Der Buchfink ist ein schräger Typ

Lustiges Vogel-

ABC

Das, was ich euch erzählen will,
ist alles ungelogen!
Das meiste stimmt, der Rest jedoch,
der ist mir zugeflogen.

Ein kleines bisschen Fantasie
müsst ihr mir schon erlauben,
und wie im Leben überhaupt
dürft ihr nicht *alles* glauben!

AMSEL

Am Abend sitzt auf unserm Dach
Herr Amsel aus dem Opernchor.
Er trägt von dort im schwarzen Frack
uns seine besten Stücke vor.

Laut tönen ihm aus stolzer Brust
die schönsten Liebeslieder.
Ihm dringt dabei die Leidenschaft
durchs bebende Gefieder.

Die Sängerlaufbahn glückte ihm
nur leider ungefähr,
weil insgeheim Herr Amsel gern
ein Star geworden wär.

Als Kammersänger sah er sich
im Rampenlicht, doch ach,
es reichte die Solistenkunst
nur bis zu unserm Dach.

Doch wenn er gut bei Stimme ist,
blüht neben ihm der Flieder,
und wenn er nicht gestorben ist,
dann singt er morgen wieder.

UCHFINK

Der Buchfink ist ein schräger Typ,
und geht ihr in den Wald,
dann trefft ihr ihn und seine Frau
vermutlich ziemlich bald.

Er hat ein rotes Jäckchen an,
trägt einen blauen Hut,
auch wenn es nicht zusammenpasst,
dem Buchfink steht das gut.

Die Finkenfrau ist nicht so wild
auf so verrückte Kleidung,
doch lässt sie ihrem Mann den Tick
zur Ehekrachvermeidung.

Warum der Buchfink Buchfink heißt,
kann keiner ganz verstehn,
denn niemand hat den Buchfink je
mit einem Buch gesehn.

ILPZALP

Der Zilpzalp ist ein kleiner Zwerg
und sein Gefieder grau.
Er fällt durch überhaupt nichts auf
und weiß das auch genau.

So kam an einem Regentag
dem Zilpzalp die Idee:
„Ich schreibe meinen Namen nun
anstatt mit Z mit C!"

Der Pfarrer sprach: „Es nützt dir nichts,
das große C im Namen.
Um aufzufallen, musst du schon
das Maul aufmachen! Amen!"

Nun sitzt der Zwerg im Unterholz,
dort wo er nicht groß stört,
ruft „Zilpzalp, zilzalp!" unentwegt
und hofft, dass man ihn hört.

 ROSSEL

Wenn auf dem Dach Herr Amsel
die Opernarien stemmt,
dann lauscht von fern Frau Drossel,
ganz schüchtern und gehemmt.

Sie würd so gerne singen,
wie es Herr Amsel tut,
hat Gold in ihrer Kehle,
dazu Musik im Blut!

Doch will daraus nichts werden
trotz ihrer großen Lust.
Sie schämt sich, denn Frau Drossel
hat Flecken auf der Brust.

So schweigt sie, bis der Tag vergeht,
und wartet auf die Nacht.
Dann singt sie laut und ungeniert
bis morgens früh um acht.

ELSTER

Es geht in unserm kleinen Dorf
seit Langem das Gerücht,
dass Elstern gerne Gabeln klaun.
Ich selber glaub es nicht.

Ich bin mit einer Elster schon
seit Jahren gut bekannt.
Sie trägt gewöhnlich einen Frack
und wirkt enorm galant.

Sehr gut befreundet ist sie auch
mit Hasko, unserm Wachtel,
und wenn sie flirten, raschelt sie
wie eine Streichholzschachtel.

Das Dorfgerücht, ich glaub es nicht
und hab den Grund vergessen,
warum die Menschen hier im Ort
mit bloßen Händen essen.

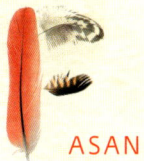

ASAN

Wer sieht so bunt und albern aus,
als wär grad Karneval?
Wer schleicht umher im Unterholz
mit einem weißen Schal?

Wer imponiert den Frauen gern
mit seinem grünen Kopf?
Wer kleidet sich in Kupferrot
vom Brustkorb bis zum Kropf?

Wer läuft mit roter Brille rum
und einem langen Schwanz?
Wer ist wie aus dem Ei gepellt,
als ginge er zum Tanz?

Ihr wisst es nicht? Ich sag es euch:
Es ist der Herr Fasan.
Gebraten schmeckt er wunderbar
mit wildem Majoran!

RÜNSPECHT

Zum Haarefärben nimmt er gern
Tomaten aus der Dose,
doch manchmal spritzt ihm ins Gesicht
die ganze rote Soße!

Tomatenspritzer überall,
sie sind der Grund, warum
der Grünspecht in der Sommerzeit
sich dämlich lacht und dumm.

Im letzten Jahr hat sich bei uns
ein Tier fast totgelacht,
und seither nimmt sich mancher Specht
beim Färben sehr in Acht.

HAUBENMEISE

Die Haubenmeise lebt nicht mehr.
Sie machte sich so gerne fein:
Es musste sonn- wie wochentags
auf ihrem Kopf ein Häubchen sein.

An einem schönen Sommertag,
als man die Meise sah zuletzt
und sie dem holden Haupte grad
das feine Häubchen aufgesetzt,

hat vor dem großen Spiegelschrank
ein Habicht unterdessen
die schöne Meis mit Haub und Haar
zum Frühstück aufgefressen.

GITTIGITT

Der Hässlichste ist zweifellos
im ganzen Vogelreich
der bucklige Igittigitt,
kein Vogel ist ihm gleich.

Sein Schnabel ist ganz abgewetzt
vom Picken und vom Hacken,
er glotzt durch wildes Strubbelhaar
und schielt bis in den Nacken.

Am liebsten isst er Zeckenmus
und dicke Mückengrütze,
er schlürft zum Nachtisch
    Schneckenschleim
und trinkt am liebsten Pfütze.

Man kann ihm durch sein fieses Kleid
bis auf die Knochen kucken,
auch hat er starken Mundgeruch
vom Würgen und vom Spucken.

Es hat schon mancher, der ihn sah,
den Magen sich verdorben,
doch ist zum Glück das Ekeltier
seit Langem ausgestorben.

 ÄGERHUHN

Es lebte einst im Uferholz
an Tümpeln und an Weihern
das hirnverbrannte Jägerhuhn.
Es schoss mit rohen Eiern.

Das selten doofe Federviech,
es schoss auf alles, was es sah,
auf Wiesel, Wurm und Wiedehopf,
ganz gleich, ob ferne oder nah.

Doch haben schon vor langer Zeit
in einer hellen Vollmondnacht
die Jägerhühner rücksichtslos
sich gegenseitig umgebracht.

Recht geschieht es diesem Tier,
und so ist es nun vorbei
mit dem dummen Jägerhuhn
und der Eierschließerei.

KUCKUCK

Woher er seinen Namen hat,
das weiß ein jedes Kind,
doch was nicht jedes Kindlein weiß,
erzählte mir der Wind.

Er pfiff soeben durch die Tür
und sagte ungeniert:
„Die Kuckuckskinder, ohne Witz,
sind alle adoptiert!"

Die Eltern sitzen nicht so gern
auf ihren Kuckuckseiern,
sie geben sie beim Nachbarn ab
und fliegen aus zum Feiern.

Drum werden ihre Küken groß
zum Beispiel bei den Finken.
Sie ziehn die Kuckuckskinder auf,
obwohl sie anders stinken!

So bleibt ein Kuckuckspflegekind
bei seinen neuen Alten,
bis alle fast das Kuckuckskind
für einen Finken halten.

Dem Kuckuck wird das bald zu bunt,
und das ist schließlich auch der Grund,
warum er später ungefragt
so häufig seinen Namen sagt.

LERCHE

Am Himmel fliegt ein kleiner Punkt
und singt von schönen Tagen.
Warum er nicht im Sitzen singt,
müsst ihr ihn selber fragen.

Herr Amsel meint, es liege wohl
am starken Lampenfieber.
Es sei die Lerche menschenscheu
und säng von ferne lieber.

Ich weiß nicht recht, doch denk ich stets,
wenn ich sie am Himmel erspähe:
„Wir alle lieben deinen Gesang
und sähen dich gern aus der Nähe!"

Der Buchfink ist ein schräger Typ

MAUERSEGLER

Der Mauersegler kann sich freun:
Er hat ein langes Flügelpaar
und steht im Tierreich, könnt er stehn,
schon damit einzigartig da.

Das Flügelpaar ist zweifellos
beim Fliegen sehr bequem,
doch manchmal wird dem Segler auch
sein Vorteil zum Problem:

Ein Segler, einmal abgestürzt,
kommt nie mehr hoch alleine,
denn leider hat der Segler nur
zwei stummelkurze Beine.

Damit die Segler in der Luft
nicht die Balance verlieren,
sieht man sie schon als Kinder hart
den Segelflug trainieren.

Die einen gehen ins Café,
die andern gehn zum Kegeln,
die Mauersegler juckt das nicht,
sie wollen nichts als segeln.

Sie lieben Wind und frische Luft,
dazu Geselligkeit,
und ziehn herum im Gruppenflug
mit großer Schnelligkeit.

Das Fliegen in der Formation
ist ziemlich gut geregelt,
weshalb auch selten so ein Tier
vor eine Mauer segelt.

ACHTIGALL

Nachtigall singt so schön!
Hört ihr sie schlagen?
Wäre gern fröhlich
und kann doch nur klagen.

Hat großen Kummer,
fühlt tiefen Schmerz,
ihr treuer Gatte
brach ihr das Herz.

Gleich nach dem Vogelzug
fing alles an:
Wortkarg und abweisend
wurde ihr Mann.

Hatte den Schnabel voll,
wollt nicht mehr wandern
und blieb in Afrika
mit einer andern.

Traurige Nachtigall,
hör auf zu weinen,
es gibt im Vogelreich
nicht nur den einen!

Im grünen Gartenlaub
hinter den Linden
wird sich im Frühling
was Besseres finden!

MPFAFF

Traurig tönt es aus dem Busch:
Der Dompfaff ist frustriert!
Ihm ist bei seiner Mauser just
ein Missgeschick passiert:

Ihm fielen alle Federn aus
von seinem roten Bauch.
Er fror auf seiner kahlen Brust
und auf dem Rücken auch.

Doch als er völlig nackig war
vom Kopf bis zu den Krallen,
ist ihm auch noch das große D
im Namen ausgefallen.

Nun hat der Pfaff zurück zum Glück
sein üppiges Gefieder.
Es wuchs bald nach, das D jedoch,
das D kam nicht mehr wieder.

PIROL

In jedem Frühjahr kommt von fern
der tropische Pirol.
Als Fremder fühlt er sich sogar
bei uns in Deutschland wohl.

Ganz oben, hoch im Buchenlaub,
da sucht er nach dem schönsten Platz.
Er baut im Wipfel sich ein Nest
und zieht dort ein mit seinem Schatz.

Doch ist es hierzulande schwer,
mit seinen Nachbarn auszukommen.
Deutsche Vögel sind sehr eigen,
Türkentauben ausgenommen.

Wer allzu lang in Deutschland lebt,
braucht öfters eine Pause.
Im Sommer packt auch der Pirol
und fliegt zurück nach Hause.

# QUIETSCHKEHLCHEN

Dass das Qietschkehlchen quietscht,
liegt am Quietschkehlorgan,
denn die Quietschkehle quietscht
wie beim Bremsen die Bahn.

Das Quietschkehlchenquietschen,
es ist eine Qual,
doch dem Quietschkehlchen selbst
ist das Quietschen egal.

Das Gurgeln mit Nussöl
hat ihm gar nichts gebracht.
Es hat sich beim Gurgeln
nur ganz ölig gemacht.

Das Quietschkehlchen quietscht,
und es denkt quietschvergnügt:
„Warum soll ich singen?
Das Quietschen genügt!"

RABE

Der Rabe ist seit langer Zeit
als Unglücksvogel sehr bekannt,
doch ist das Tier in Wirklichkeit
der größte Glückspilz hier im Land.

Bescheidenheit, die fiel ihm schwer,
sich durchzusetzen, fiel ihm leicht,
und deshalb hat der Rabe auch
das, was er wollte, meist erreicht:

Obwohl er gar nicht singen kann,
bekam er ein Stipendium
vom städtischen Musikverein,
doch fragt mich bitte nicht, warum!

Nun sitzt er krächzend auf dem Zaun,
singt Rabenlieder haufenweis,
er wartet auf sein Publikum
und träumt vom nächsten Förderpreis.

Und die Moral von der Geschicht:
Traut keinem Förderpreise nicht!
Wollt ihr erfahrn, wer singen kann,
hört euch die Sänger selber an!

STORCH

Weißer Riese
geht durch die Wiese.
Durch grüne Weiten
siehst du ihn schreiten.

Wohnt auf dem Turm,
frisst Kröte und Wurm.
Weiß ist sein Hals,
meist jedenfalls.

Watet durch Sümpfe,
trägt rote Strümpfe.
Hat langen Schnabel
statt Messer und Gabel.

Kann damit klappern,
wenn andere plappern.
Sei still und horch:
Es ist der Storch!

URTELTAUBE

Oft sitzt auf unsrer Fensterbank
ein altes Turteltaubenpaar.
Es ist noch immer ganz verliebt,
grad wie im ersten Ehejahr.

Die beiden waren bei der Post
zum Telegrammverteilen.
Sie mussten immer *früh* aufstehn
und ständig sich beeilen.

Vor Kurzem sind sie als Kurier
dort endlich ausgeschieden,
sind Mitglied jetzt im Tierschutzbund
und flattern für den Frieden.

Doch immer, wenn es Abend wird,
dann sitzt das Turteltaubenpaar
verliebt auf unsrer Fensterbank
und streichelt sich durchs graue Haar.

HU

Pünktlich um die Geisterstunde
macht der Uhu seine Runde,
flattert lautlos durch den Wald,
stürzt sich auf ein Eichhorn bald,

fängt zum Nachtisch eine Maus,
fliegt mit ihr zum Wald hinaus
und verspeist sie dann zu Haus.
Was er nicht mag, spuckt er aus.

ANELLUS

Wollt ihr einmal in Ostfriesland
Urlaub bei den Möwen buchen,
solltet ihr auf eurer Reise
auch den Kiebitz mal besuchen!

Schlichten Vogelfreunden reicht es,
auf dem Feld ihn zu erkennen,
will man als Experte gelten,
muss man ihn Vanellus nennen!

Habt ihr ihn im Feld gefunden,
wagt euch nicht zu nah heran,
weil Vanellus nämlich Gäste
eigentlich nicht leiden kann!

Ganz besonders sehenswürdig
ist sein hochgefönter Zopf!
Selbst Japaner machen Fotos
vom Vanellusnackenschopf!

WENDEHALS

Es geht der Vogel Wendehals
mit grauem Mantel auf die Balz.
Er wackelt mit dem Kopf dabei.
Auwei-auwei!

Doch ist der Vogel ziemlich schlau
und traf sehr bald schon eine Frau.
Und diese wackelt mit dem Hals
ebenfalls!

KLOPENFALK

Es lebte in Ägypten einst
in einem Nest aus Schutt und Kalk
auf einem Pyramidenstein
der schreckliche Xyklopenfalk.

Er hatte Krallen wie aus Stahl
und Flügel wie aus Eisen,
doch dafür dummerweise nur
ein Auge aufzuweisen.

Genaues Fliegen fiel dem Falk
mit seinem einen Auge schwer,
und weil er schlecht flog, hat die Sphinx
schon länger keine Nase mehr.

ZAUNKÖNIG

Gernegroß kommt um die Ecke gebogen,
spielt sich als Riese auf und nimmt sich wichtig.
Selbstbewusst hat er den Schwanz angezogen.
Zaunkönig nennt er sich. Tickt der nicht richtig?

Hört, wie er auftrumpft! Ich platze vor Lachen
und finde bei allem doch *eins* sonderbar:
Wo man auch hinschaut, überall machen
die winzigsten Zwerge am meisten Trara!

Über den Autor:
Jörn Heller, geb. 1967, ist gelernter Theologe und Buchhändler. Seit 2004 lebt und arbeitet er in Siegen. Wenn er nicht gerade im Laden steht, macht er lange Wanderungen, bei denen ihm dann Gedichte einfallen. Seine Lyrik wird oft mit der von Erich Kästner und Joachim Ringelnatz verglichen. Manche denken auch an Wilhelm Busch oder Christian Morgenstern. Dem Autor selbst sind solche Einordnungen gleichgültig, so lange sich seine Gedichte nur reimen dürfen. Weitere Informationen unter: www.joernheller.com

Zuletzt von Jörn Heller im Verlag am Eschbach erschienen:
Ein kleiner Wunsch für jeden Tag • ISBN 978-3-86917-827-1
Ein Sonntag für die Seele • ISBN 978-3-86917-838-7
Tu Du Liste • ISBN 978-3-86917-889-9

Über die Ausstattung:
Die Grafiken, Holzstiche, Farblithografien in diesem Buch entstammen zum großen Teil naturhistorischen Sammlungen zur Vogelwelt aus der zweiten Hälfte des 19. Jahrhundert, wie z. B. John Goulds **Birds of Great Britain** oder **Brehms Tierleben**. Manche von ihnen wurden nachträglich bearbeitet.

Bildnachweis:
Grafissimo / iStock (Umschlag, S. 2/3), ZU_09 / iStock (Vorsatz, S. 10), mauritius images / Memento (S. 5), duncan1890 / iStock (S. 6, 24, 38), THEPALMER / iStock (S. 8), iStock / Lusky (S. 13), Nastasic / iStock (S. 14, 32), ilbusca / iStock (S. 17), mauritius images / The Natural History Museum / Alamy (S. 18/19), Andrew_Howe / iStock (S. 21, 34/35), clu / iStock (S. 23), mauritius images / Neil Baylis / Alamy (S. 28/29), bauhaus1000 / iStock (S. 30, Nachsatz). Alphabet: mycteria / shutterstock.

3. Auflage 2023

Alle Rechte vorbehalten
© 2022 Verlag am Eschbach
Verlagsgruppe Patmos in der Schwabenverlag AG, Ostfildern
Im Alten Rathaus/Hauptstraße 37
D-79427 Eschbach/Markgräflerland

www.verlag-am-eschbach.de

Gestaltung und Satz: Angelika Kraut, Verlag am Eschbach
Kalligrafie: Ulli Wunsch, Wehr
Herstellung: Grafisches Centrum Cuno GmbH & Co. KG, Calbe
Hergestellt in Deutschland
ISBN 978-3-86917-915-5

Dieser Baum steht für umweltschonende Ressourcenverwendung, individuelle Handarbeit und sorgfältige Herstellung.